곽 우 희 시집

그 길

오늘의문학사

국립중앙도서관 출판예정도서목록(CIP)

그 길 : 곽우희 시집 / 지은이: 곽우희. -- 대전 : 오늘의문학사, 2018
p. ; cm. -- (오늘의문학시인선 ; 439)

대전광역시와 대전문화재단에서 사업비 일부를 지원받았음
ISBN 978-89-5669-976-9 03810 : ₩9000

한국 현대시[韓國現代詩]

811.7-KDC6
895.715-DDC23 CIP2018042618

그 길

시인의 말

눈에 보이는 길
가고 싶은 길을
수없이 지나치며
돌고 돌아서 온 길이다.

게으른 나그네
저녁 해거름에 발길 바쁘듯
이제야
세 번째 시집을 엮는다.

길이 보이게 도와준
대전 문화재단에 감사드린다.
오늘의 문학사
편집진에게도 감사드린다.

제 1 부_ 길

제 2 부_ 초사흘 달빛

제 3 부_ 고향 길

제 4 부_ 쉼터

제1부

길

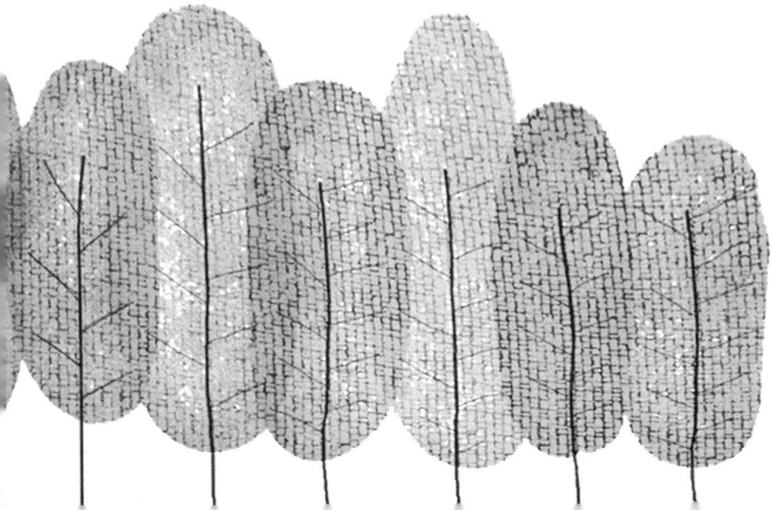

동짓날 밤

한해의 밤이
가장 긴 동짓날 밤은
그림자도 긴 밤이다.
그립고 아쉬움으로
지난 나날을
받쳐주고 지탱해 준
사람의
그림자도 긴 동짓날 밤.

엿장수 품바 춤

복더위가
몸에서 끈적이는 날
더위를 피하려
내장산에 올랐건만
더위를
피할 수는 없었다.

북적이는
인파에 눈이 가고
엿장수 가위 소리에
귀가 가고
발길은
그저 따라 간다.

엿장수
가위 소리에
엿이 잘리고
엿장수 품바 춤에
달달한 엿 맛에

잠시나마

더위를

이길 수 있었다.

어머니

큰 딸아이
내 등에 업히시며
포대기가
아이 엄마 의관이라
하시던 어머니

아들 옹아리에
너도 시어미 된다며
말을 막으셨던 어머니

딸 셋이 되니
살강 밑에 숟가락
주워라 하시던 어머니

어느 날 어머니는
젊어서 부지런히
곱게 하고 다니라던
당부를 끝으로
그 길 가신 어머니.

이어질 철길

광복에 기쁨도 잠시
열강들의 솟구치는 욕심에
풀리지 않은 허리띠를 두고
이어지는 철길
가는 정 있으니
오는 정도 있다는 믿음으로.
철마가 달리기를 기다린다.

하얀 목련

가지가 휘도록
마디마디 봉오리 쥐고
기다렸다.

한해를 기다려 피었다.
가지를 흔드는 바람엔
새가 되고

다정한 햇살엔 하얗게
웃는 꽃으로 피었다,
하얀 목련.

능금꽃

요란하고 화려한 꽃은
열매가 없거나
있어도 꽃만 못 하더라.

향기조차 꽃을 넘지 못 하더라.

단순하고 참한 능금꽃은
탐스러운 열매가 있더라
열매가 주렁주렁 하더라.

눈이 내린다

눈이 내린다.
소복이 쌓인다.
허리띠에 손을 얹고
불러주던
그 노래가 들린다.
눈이 내린다.
소복이 쌓인다.
웨딩마치에
발자국을 옮기던
그날이 어제 같다.
눈이 내린다.
하얀 눈이 쌓인다.
불러주던 노래도
발자국도
흰 눈 속에 묻힌다.
하얀 눈에 덮인다.

내일 모레

교사 이년 차 여름이다.
문이라는 문을 다 열고
수업하는데 한 학부형이
땀에 젖은 웃음으로
교실로 들어선다.

그 학부형은
내일 모래의 아버지다.
제 이름을 두고도 내일 모래로
불렸던 아이

지금의 학생이면 좋았을 걸
땀에 젖은 아버지
육성회비 없는 오늘의 학생이면
친구들도
제대로 이름을 불렀을 것을.

믿음

신의 놀이에
나는 있어도
없는 사람이 있었다.

이슬밭 누비시며
찬 서리 비바람도
막을 수 없었던
어머니의 기도가
묵살되던 날

내 믿음은 무덤이었다.

신의 놀이에
나는 있어도
없는 사람이 있었다.

여백

넉넉한 공간도 풍족한 물질도 아니었다.
모든 것 이 부족했던 날의 생활습관은
종이 한 장도 여백이 있으면 보내지 못했다.

빠듯한 시간조차도 여백으로 두지 않았고
발을 동동 구르며 쫓기듯 뛰었다.

그렇게 조절 없는 불충분한 여백을 스스로
만들고는 마음 놓을 여백이 없다고 트집 잡는다.
여백의 넉넉함도 아름다움도 모르고 살고는.

착오

수 없는 착오를 겪고도
오늘도 빡빡한 계획을
짜고 있다.
아픈 날이 계산되지 않은
설계를 하고 있다.
그렇게 많은 착오를 겪고도
기준을 젊은 날에 두고
설계를 한다.

백양사 빨간 단풍

가을 풍경을 한껏
보여 주고 싶어 하는
아이들의 마음이 고마워
따라 나섰다
가을물 꽉 찬 길이
사람들로 북적인다.

산사 깊숙이 들어서니
계곡을 타고 오는 물소리
바람소리에 마음이 숙연한데
스님의 독경소리 목탁소리는
내가 도인이라도 된 듯한
착각에 몰입 한다.

어느덧 서산에 지는 해가
붉은 웃음으로 존재를 알리고
백양사 빨간 단풍이 생명을
반짝이는 백양사 단풍 길에도
오는 발길 가는 발길이 뜸하다.

백양사 단풍길

가을 풍경을 한껏
보여주고 싶어 하는
아이들의 마음이 고마워
따라 나섰다.
가을물 꽉 찬 길이
사람들로 북적인다.

산사 깊숙이 들어서니
계곡을 타고 오는 물소리
바람소리에 마음이 숙연한데
스님의 독경소리 목탁소리는
내가 도인이라도 된 듯한
착각에 몰입한다.

어느덧 서산에 지는 해가
붉은 웃음으로 존재를 알리고
백양사 빨간 단풍이 생명을
반짝이는 백양사 단풍 길에도
오는 발길 가는 발길이 뜸하다.

허리는 아프다

군살에 둘러싸인 허리가
고통을 호소한다.
육안으로는 볼 수 없는 허리는
숨어서 통증을 유발한다.
군살에 숨통이 막혀 신음하며
허리는 아프다.

그 모임

가끔 그 모임, 아직도 하느냐는
소리를 들을 만큼 오래된 모임이다.

오랜 세월 그날이 오면
서로가 마주보며 돌아 올수 없는
추억에 젖었고 향수를 그리던
모임은 더 이상 지속이 힘들 것 같다.

모두가 하나같이 아프다는 말로
시작이고 끝맺음을 한다.

아픈 사람이 아픈 사람을 문병하는
횟수가 많아지고 급기야는 한 회원이
유명을 달리하니 사람도 늙고 모임도
늙어 모임은 힘을 잃고 있다.

가끔 그 모임, 아직도 하느냐는
소리를 듣던 오래된 모임인데.

십이월 밤거리

한해의 마자막달 십이월 밤거리는
불빛의 거리다 조명의 거리다.
오가는 사람들도 조명을 받는 밤거리에
까칠한 가로수 쪼그라진 가로수 나뭇잎도
꽃이 되는 십이월 밤거리.

닭발

몇몇이 모인 자리에
서민이 즐기는 보양식으로
첫째는 닭이었다.

무릎 관절에 좋다며
닭발까지도 오르니 씁쓸하다.
닭발은 죽어서도
사람에 관절을 잡아 준다고

닭발은
살아서는 발이 되고
먹이를 찾아 헤집는 손이 되고
잠을 잘 땐 횃대를 움켜잡았던
그 발인데.

세밑 그리움

설을 앞둔 세밑
하얗게 쌓이는
눈밭에
그리움이 서성인다.

빗장 풀린 그리움
줄줄이 달려오니
까슬한 겨울나무
꺾인 가지에도 잡새
조잘대며 우짖는다.

밀물처럼 밀려온
삼팔명주 분홍저고리
남치마에 아롱진
세밑 그리움 펄럭인다.

소금 있어요

바다는
몸으로 말한다.

소금을
하얗게 쏟으며
철석철석
소금 있다고 외친다.

바다는
몸짓으로 소통 한다.

가득한 소금을
오가는 파도에 싣고
하얗게 손짓하며
소금 있어요 외친다.

길

길이 따로 없었다.

가시밭도 돌밭도
내 발길 닿는 곳
길이다 생각 들면
그저 고마웠다.

깎아지른 절벽 앞

절망보다
잠시
내방식의 쉼표로
숨 고르며 또 다른
길을 찾고 또 찾았다.

길 아닌 길은
짐승처럼
기어오르고 내리며
길을 만들고 버텼던
오늘의 길.

그 길

제2부

초사흘 달빛

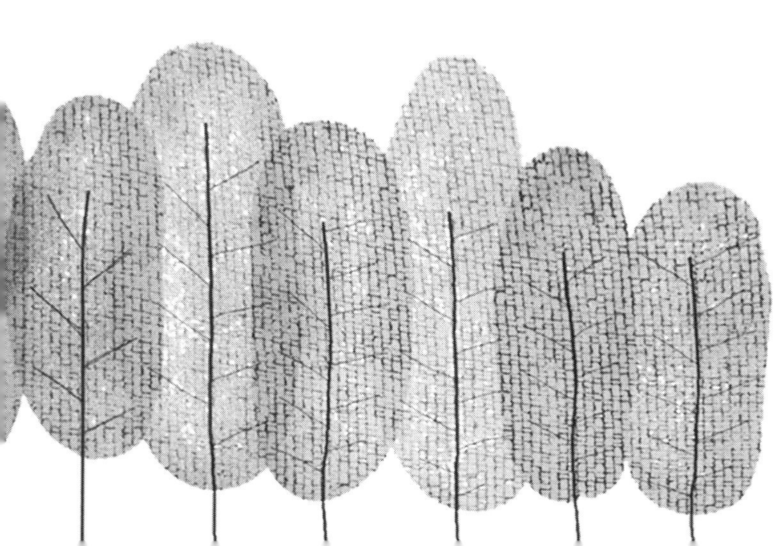

그녀의 고백

아내의 자리에
남편이 쥐어 주던

생활비

아주
조금씩 조금씩
꼬불치던
쏠쏠한 재미에
하루가 짧았다는
그녀의 고백에

내가 울고
그녀가 운다.

맹호

동물원 맹호는
허기진 배고픔에
자존심 꼬부라진다.

시뻘건 불길 속
바람처럼
뛰어들고 뛰쳐나와
던져진 먹이를 삼킨다.

사람들 눈요기로
주린 배 채우며
명줄 이어가는
맹호의 바닥난 자존심
보고 있구나 했는데

수치와 굴욕의 얼룩에도
존재의 끈 놓지 않는

맹호의 강열한

자긍심에 빨려들고 있다.

초사흘 달빛

한가위를 넘어선
구월 초사흘 해질녘

출렁이는
황금물결에

자욱을 옮길 수 없었다.

파도처럼
밀려오는 그리움에

돌인 듯 굳어있었다.

내리는 어둠에
별이 뜨고

초사흘 달빛
추억으로 내려오니

자욱을 옮길 수 없었다.

화사한 봄 햇살
모란이 피고

보름달
대낮이듯 밝아도

어머니 평생은
초사흘 달빛이었다.

시조창

달갑잖은
일이라도 있는 듯

사랑채 뒷마당
행주치마 털고 계신
어머니

느아버지
한여름 긴긴 해
서산에 한발인데
동창이 밝았느냐네.

약천 남구만 시조에
쌓인 시름 걷어 내는
아버지의 시조창

뜻 모를 귀향에
어느덧 낯설지 않은
두 분 모습

어머니
쓴웃음에,
저 너머
사래긴 밭 갈고 있는

아버지 시조창.

명품

명품은
명품 자체가 지닌
무게로 명성이 뜬다.

수많은
시간 속에 열정으로
빚어진 공든 탑

세월의 무게만큼
무게를 지닌다.

명품은
아무에게나
몸을 맡기지 않는다.

품어줄
사람의 눈빛을
잡고 흔드는 명품.

버선

출가와 함께
날 따라온 광목버선
친정어머니
사랑과 정성 가득한
솜버선.

바라보고 만져보다
다시 그 자리
친정어머니
사랑과 정성 도톰한
솜버선.

빈 의자

쥐어짜는
아픔을
쓸어안고

상처 난
자존심 덧칠하며
살아온 세월에도

햇살 내려앉는다.

빈 의자에
차곡차곡 쌓은 정
일어서니

시린 가슴
노 젓는
꿋꿋한 그리움.

박제

한정된
공간의 박제

실속도 없이
움직임도 없는
박제

보는 이 마다
빈 소리 요란하다.

떠난 사람
무성한
뒷소문 같은 박제.

담아 본다

글 집에
그 사람 숨결을
담아본다.

눈물에 젖은
밤을 부둥켜 잡고

굽이굽이 몰아치던
약속했던 날
비바람의 존재도
담아본다.

자나고 보니
그 모두가
삶의 동행이고
방패였다.

든든한
동행이었기에
글 집에 담아본다.

봄새 되어

서둘러 피는 꽃에
봄버들 치고 가던
이름 모를 새들
물을 차며 나래 핀다.
하늘을 본다.

하늘에 구름 새
허공 치고 날은다.

촉촉한 그리움
가슴 적시는 봄
새가되어 날은다.
봄새 되어 날은다.

- '날은다'는 '난다'로 써야 하지만 내 느낌대로 씀

새

새는
부리가 있으되
함부로 먹이를
쫓지 않고

새는 날개를 함부로
펴고 접지 않으며

새는 발톱을 분별없이
들어내지 않는다.

우리는 함부로 쏟는 말에
분별없는 행동에
얼마를 더 아파야 하나.

오늘도
나에게 교훈을 남기고
창공을 넘나드는
새.

황금 뜰

가을이 오니
영근 햇살은
푸른 들 뒤척여
황금 단장을 한다.

유난히도
무더위가 심했던
여름이었기에
가을은
먼 줄 알았다.

가을
산들바람에
훨훨 나래 젓는
황금 뜰.

가을비

명주
실올이듯

내린
가을비에
쌓인 낙엽
누워 자고

서편
하늘에
오르는
고운 무지개.

조용한 바다

폭풍이
쉬고 있는지
잠을 자고 있는지

바다가 조용하다.

몇몇 날
족보 있는 바람의
요란한 호통에

바다는
몸살을 앓았는데,
조용한 바다.

꽃밭에

앞마당 꽃밭에
꽃들이 피어난다.

나비가 오고
벌이 찾아들고
피는 꽃이 먹이가 되고

생존의 터전이 된
꽃밭에
삶의 공존을 본다.

꽃밭엔
공생의 꽃이 핀다.

메마른 여름

메마른 한 여름
수척한 실개천

비실비실 물길 가는데

목마름에 허기진
입맛 다시던 나뭇잎

줄줄 뛰어 내린다.
목욕을 한다.

물길 덮는 나무 잎
메마른 여름.

가을 길

들길을 달린다, 가을 길을 달린다.
송곳 꽂을 땅이 없어도
평사리 최참판댁 부럽지 않은
들길을 달린다.

저 멀리 지평선이 곱다,
색색 단장 산이 곱다.
들에 금물결이 햇살에 번쩍인다,
황혼 노을이 곱다.

들길을 달린다, 가을을 달린다.
가을에 푹 빠져 나를 찾는다.
내 잃어버린 시간을 찾아
가을 들길을 달린다.

- 평사리 최참판 : 소설 토지의 무대와 등장인물

바람아

바람에
휘청이도록
휘둘렸다.

바람아
우리 좀 쉬었다
가자.

어제는 네가
나를 흔들었지만

오늘은 내가
너를 흔들고 싶다.

바람아
우리 좀 쉬었다
가자.

검불 같다

나직하고 다소곳한
사철 푸른 나무에
떨어진 자잘한 낙엽

마치
한참 바쁜 가을걷이에
키질 하시던 어머니

머리 수건 위 검불 같다.

미웠던 날

질척이는 갯벌에
발길을 옮길 수 없도록
밀어놓고는 통쾌한 듯
천연덕스럽게 웃었던
당신이 미웠던 날

이렇게
그리움으로 남아있네요.

운명에 휘몰린 삶
지겹도록 살아도 살아야한다는
본능을 확실히 느낄 때
가족의 소중함에

당신의 존재가
더욱 대단하게
가슴을 파고드네요.

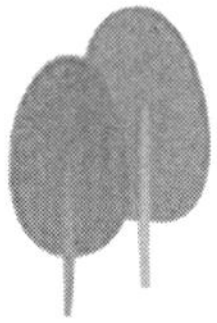

그 길

제3부

고향 길

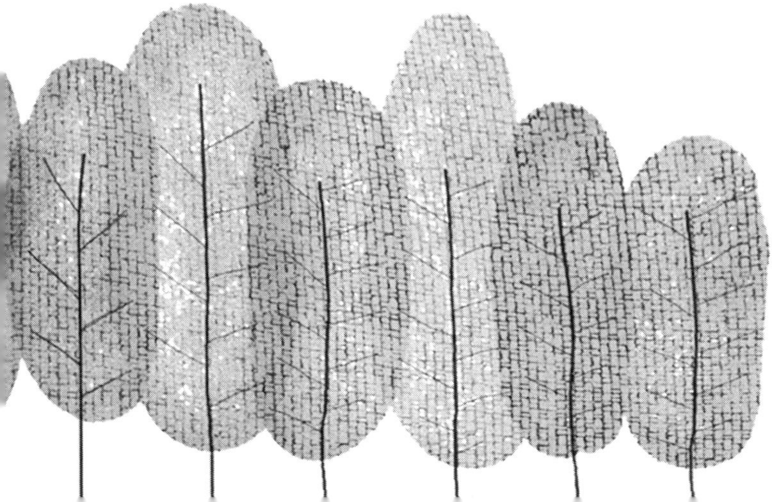

상처

세월은
앞만 보고 달리는데
어둠을 따라온 적막은
상처를 부른다.

잡히지 않는
불길이듯 타오르고
용암이듯 굳어진
상처.

자연의 순리

늦가을
싸늘한 바람이
가로수에 걸린다.

바르르 떨다 지친
나무 잎
포도 위에
소낙비처럼 쏟아져
마구 뒹군다.

뒹굴다 지친
낙엽이 흩어진다.

흩어진 낙엽
쓸어 모으는 손길
생업의 이삭을 줍고 있다
노인 일자리

나무는 잎을 털고
노인은
잎을 쓸어 모은다.

삶의 여정
가을을 본다.
거역할 수 없는
자연의 순리를 본다.

산교육

뜨락에 두 동서가
두 눈 껌뻑이며
마당에 들어선
두꺼비 한 마리에
예사 비 아니라며
일기 예보를 하셨지요.

정확한 일기 예보였지요.
오는 비에 뚝방은 무너지고
하천이 범람하니 두꺼비는
장마를 예고하고 두 동서는
큰비를 예상하셨지요.

누구에게
배워서도 아니요
머리 싸매고
연구를 해서도 아니지요.
세월이 안겨준 경험으로
터득한 산교육이지요.

비 내리는 오늘도
삶의 현장에서 터득한
경험의 토대 위에 놓인
어른들 지식에 탄복하며
옷깃 여미지요.

그 길

미처 떠나지 못한
가을을 본다.

텅 빈 들에 바람 일어서고
늙은 갈대가 쉰 목소리 로
하얗게 손짓하는 고향 길

칭찬도 불호령도 없는
아버지도 이 길에선
아들딸 손잡고 옛날 옛날
하시던 그 길.

파지 줍는 노인

갑질의 바람에
애처로이 낙엽 울던 날

내리막 비탈길에
삶의 의지를 보았다.

몸은 깡말랐어도
의복은 허술치 않은
파지 줍는 노인

나는 삶의 뜻을
늦게나마 깨우쳤다.

깡마른 몸이 움직인다
파지 줍는 노인.

매미소리

아직은
땡볕인 줄 알았는데
지겹도록 울어대던
매미소리 서글프다.

오는 가을 보았나 보다.

미안하다.
불러주는 노래로 들을 걸
시끄럽다고 짜증만 보냈다.

여름 한철 잠시 잠간
살고 가는 걸
이 부족한 소갈머리.

갈등

떠난 사람
그림자 긴 밤이면
당신이 오실 길을
두 손 모아 닦았습니다.

멍든 가슴이
마구 때리는 맥박이
분별없이 뛰는 날도
당신이 오실 길에
노래를 깔았습니다.

몰아치는 갈등에
당신이 오시길
기다리고 기다렸습니다.

오늘은 왠지
당신이 오시는 길에
눈물이 앞장섭니다.
눈물이 동행합니다.

저녁 눈

서산은
해를 먹고
내리는 저녁 눈이
천지를 하얗게 먹는다.

눈발이 잠을 잔다.

초저녁 어린 조각달
숨바꼭질에
쌓인 눈 하얗게
천지를 누빈다.

살아있는 글

나를 따라온 글이
시인이라며
내 이름 앞에 앉는다.

펼치는 책 한 권에
막 입문한 문인에
글이 있고

글 문 닫고 떠나간
문인의
글이 실려 있었다.

사람은 갔어도
살아있는
글이 있었다.

나를 따라온 글이
내 이름 앞에 앉는다
제자리라고…….

크림을 바르며

크림을 바를 때마다
아주 가끔은
어린 날이 떠오르네요.

조금은 수줍고
조금은 아름다움이
눈에 드는 나이였지요.

언니의 방에 남몰래 들어가
우데나 크림을 콩콩 뛰는
가슴으로 몰래 손에 바르고
쏜살같이 나오다
그만 들켰지요.

언니는 얼굴에도 아껴 바르는데
동생은 손에 바른 거지요.
야무진 언니의 꾸짖음도 다짐도
대단했지요.

고개 숙인 내게 어머니는
아껴 쓰시는 쭈쭈 크림을
많이 바르라며 주셨지요.

두 딸의 못마땅한 모습에
그렇게 대처하신 어머니의
소리 없는 가르침이고
어머니의 마음이지요.

크림을 바르며
그날이 떠올라 거울 앞에서
혼자 웃네요.

- 우데나 크림과 쭈쭈 크림 : 그 당시 일본 산 화장품

잔인한 삼월

철없던 어린 날 삼월은
억울한 민족의 설움에
울었습니다.
침략의 총포 앞에
울었던 겁니다.
그렇게 삼월은 내게
슬픔기억으로 남았습니다.
그러던 어느 삼월
철이 조금 내 앞에 섰을 때
자지러지는 슬픔은
온가족을 울렸습니다.
삼월은 그렇게 내게 잔인한
달이었습니다.
어느덧 수많은 삼월이
그렇게 오고 갔습니다.

착시 착각

서울의 모 백화점
어느 층 인지도 모른다.
식당의 이름도 모른다.

탁 트인 공간
요리사의 조리하는 모습이
눈에 잡히는 순간이었다.

맥박이 빨라지며
오한이 엄습했다.
요리사의 모자가
상주의 두건으로 보였다.

아버지 이승 길 뜨시고
저승 길 달려간 그 사람
사무친 그리움이
착시와 착각에 휘둘렸나 보다.

그날의 착시도 착각도
가끔 씁쓸하게 다녀간다.

단풍나무

아름다움이란
찾아 볼 수 없었다.

봄부터 여름까지

단풍나무에
가을이 왔다.

새빨간 가슴열고
꽃을 피운다.

새빨간 단풍꽃.

입동

겨울이
입동을 앞세워
가을을 떠밀고

우수수 떨며
떨어진 낙엽
서럽게 운다.

행인의 발밑에
떠나는 인사가
바스락 바스라
서럽다.

싸늘히
다가서는 입동.

건강

구름이
한바탕 울고 갔다.

우울함에
잡히지 않으려
피아노 건반을 연다.

아주 쉬운 몇 곡이
뚱땅뚱땅 넘어 간다.

손맛을 본 건반이
그런대로
제법 소리를 굴린다.

잃었던 물건을
찾은 것 같았다.

잃어버린 건강도
그렇게 돌아 올 것 같다.

다녀간 첫눈

첫눈이 온다
하얀 꽃잎으로

첫눈이 날은다
흰나비로 날은다.

첫 눈이 다녀간
흔적이 애매하다.

잠시
다녀간 첫눈.

내 것은 없습니다

이 세상 내 것은 없습니다.
해변에 반짝이는
은모래 한줌 쥐었다 놓음같이
이 세상 내 것은 없습니다.

물질도 물에 거품이듯
잠시 모였다 물결에 휩쓸려 갑니다.
그렇게 잠시 머물다 갑니다.
이 세상 내 것은 없습니다.

모두가 주관자 당신의 것임을
알고 있습니다.
그것이 순리임도 알고 있습니다.

내 아이들도 내 곁을 떠나갑니다.
홀로 서기를 하고 짝을 찾아 떠나고

이 세상 모두 그렇게 살아갑니다.
수업 종 울리면 하던 놀이 멈추고
교실로 가듯 부르시는 날
이 세상 모든 것 놓고 갑니다.

이 세상 내 것은 없습니다.

인쥐와 건달

아버지는 가을이면
어머니를 인쥐라 하신다.
그날도 어머니는
인쥐가 되어 있었다.

나락이 쌀이 되어 집에 오는 날
어머니는 말씀 하신다.
건달농사 이만하면
올 농사도 풍성하다며
아버지를 건달로 칭하신다.

나락이 쌀이 되어 집에 오는 날
아버지 말씀도 틀리지 않고
어머니 말씀도 틀리지 않은
서로가 넉넉한 가을 앞에
멋쩍은 말씀이시다.

어머니는 방앗간에서
십일조를 뚝 떼시고
아버지는 농사철도
하시는 일 바쁘셨으니
어머니는 사람 쥐가 되시고
아버지는 건달이 되신다.

나락이 쌀이 되어 집에 오는 날
눈에 선한 가을 풍경이
그리움으로 달려온다.

- 인쥐 : 사람을 쥐로 칭함

군불

몇 며칠 계속되는 한파에
녹지 않은 눈길은 빙판으로
길손도 뜸한 저녁이다.

추운 날 사람온기 없는
빈방은 더욱 한기 서린다며
어머니는 건너 방에
군불을 지피셨다.

그날 밤 그 방은
내 꿈의 방으로 알았는데
예기치 않은 손님이 묶었고
엄청난 실례까지 하고 갔다.

어머니의 군불이 타 오른다.
이불 빨래가 가마솥에
부글부글 끓어오른다.
어머니의 군불은 애초에 없었다.

빈방의 한기를 가신다며
어머니의 군불이 또 지펴졌다.

남아있는 감

감나무
앙상한 가지에
새들이 놀고 있다.

아직은 사람의 손이
닿지 않은 가지에
남아있는 붉은 감

꽃처럼 예쁘고
등불처럼
가지에 환하다.

앙상한 가지에
남아있는
붉은 정이 곱다.

제4부

쉼터

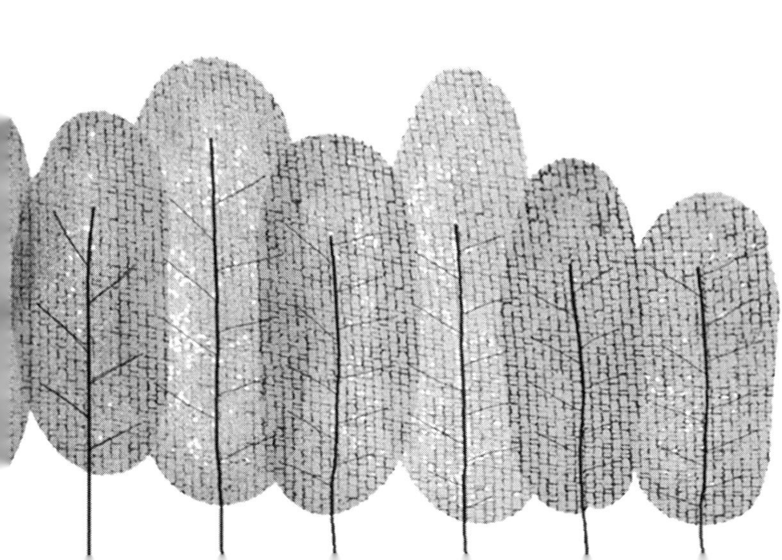

봄강

봄 햇살 여물어
푸르름 한 아름

봄빛 물먹은
짙푸른 봄 강

수천數千인지 수만數萬인지 알 수 없는 세월歲月
긴긴 날 돌아 돌아온 눈부신 휘장揮帳이 번득인다.

화사한 햇살
정겹게 내려앉은 강

푸른 몸 은빛 나래
하얗게 웃음 짓는 봄 강물.

보랏빛 그림

여기
보랏빛 그림 한폭이 있습니다.
엷은 보랏빛 그림입니다.
사람들은
슈베르트의 미완성 교향곡처럼
미완성 그림인 줄 알고 있습니다.
하지만
미완성은 결코 아니랍니다.

분명히
화가는 작품에서 붓을 놓았습니다.
그리고
아주 멀리 떠나갔습니다.

그림은 완성完成이 되었지만
평評들은 구구합니다.
더 짙은 보랏빛을
그 또한 다른 빛깔을

그러나
그림은 영원히 영원히
흰빛 감도는 보랏빛으로도 족합니다.

그것만으로도
그림은 황홀합니다.

사랑의 젖줄

아기가
인공의 젖꼭지를 물고
쌔끈 쌔끈 잠을 잡니다.

너무도 평안하게 감은 눈
그 감은 눈을 보며
저도 눈을 감았습니다.

기도합니다.
이십육년만에
들어보는 저희 가정에
아기 울음소리
아기 숨소리입니다.

당신이 주셨으니
당신께 맡깁니다.
이 아이의 앞날을.

계족산 일출日出

새벽바람이
드러난
살갗을 쏠쏠히 쏘고
성미 급한
가로수 잎들이
얼마쯤 신음하는
초가을 아침

구름에 밀리듯 끌리듯
하늘 동편에 솟는 해

희뿌연히
피어나는 아침을
벌겋게 피워 놓고
계족산 딛고
훌쩍 창공에 오른
계족산 일출日出.

옥녀봉玉女峰 쉼표

해맑은 웃음 물고
살랑이며 오는 봄에
취한 봄꽃이 하늘거린다.
투명透明한 연둣빛 새잎이
봄을 던지며
초록으로 초록으로 달려간다.

동네 뒷산 옥녀봉에도
계절季節은 내려
푸른 익살 한창이다.

천상하강天上下降
옥녀탄금彈琴 가락에
산새들이 제소리로 노래하고
햇살 담은 잡풀에 풀벌레도
목이 터진다.

옥녀 탄금 섬세한 선율旋律
싱그러운 솔바람 속에 취해
허공오선虛空五線에 찍는
옥여봉 쉼표

서화천西華川을 앞에 두고
새터마을 바라보며
들꽃을 함부로 꺾으며
노란 은행잎을 마구 밟았던
내 철없던 날의 그 쉼표.

유성장터

'며칠 후면 추석이구나.'
생각하는 순간
장바구니를 들었다.

둑길을 따라 걸었다
갑냇물 넘어온 바람을 마시며
한참을 걸었다.

웅성이는 사람
사람과 사람 사이를
헤집고 들어간다.

비릿한 냄새
버려진 생선토막
질척질척한 발밑의 감각
얼마쯤은 혐오스런 견犬님의 다리,
마주 앉은 좌판 앞 여인들

골목골목을 기웃거린다.

아스라이 지나간 날들이
손짓을 한다.

해 저무는 유성 장터에
향수가 내린다.
내 유년의 바람을 마신다.

종무지 시비宗武志 詩碑

바다를
내려 보는 산등에
내 나라 마지막
부마도위駙馬都尉 종무지 시비를 본다.

미묘한
시대적 소용돌이에 엮인 부부
부부의 정夫婦 情
꽃피기 무섭게 밀려온 영육靈肉의 고뇌苦惱

안내자가 시를 읊는다.
나 자신을 추스리기 힘들도록
현기眩氣가 엄습掩襲한다.

옹주는
아린 그리움 어이 견디고
서러움 또한 어이 참았을까?

대마도
해신도
산신도 등 돌린 가문家門

시린 가슴 까맣게 드러낸
부마도위.

그 향이 그립다

불면에 휘둘려
하얗게 밤을 지샌 아침
반가운 소식을 접한다.

수십년 까맣게 묻혔던
색동 친구들 소식
들뜬 가슴으로 청하는 커피 한 잔

잊혀진 세월이 찻잔을 휘젓는다.

대수롭지 않은 소문에
우루루 모여 수근덕거리고
돋아나는 새싹의 신기함에
까르르 웃었다.

그렇게 단순하던 날
커피향의 미혹은
마시면 쓰기만 했다.

지금 이 한 잔의 커피는 향과 무관하다.

시간과 맞서고자 마시고
이런 저런 사연으로 마신다.
쓴맛에도 아주 익숙해 있다.

그 향이 그립다.

동거同居

혼해터진
미사어美辭語 하나
둥글리지 못하고
그 말이 그 말인데도
꽃송이 같은
시어詩語 한 가치 꽂지도 못한다.

풀풀 날리는
수식어 몇 마디 곁들이면
그럴 듯한
시 한 수 뽑는 줄 알면서도
광대 같아 우스꽝스럽다.

그러면서도
까무라치도록 놀라운 건
시詩와의 동거同居다.

병인지
끼인지
나도 모를 동거同居.

쉼터

그곳에 쉼터가 있다.
잡목들의 자유로운 몸짓이 있고
이름 모를 새들의 대화對話가
온종일 허공虛空에 머무는 곳

두어 평 됨직한 공간空間

때때로 주저앉아
잡초의 허리를 꺾고 뜯으며
마음을 푸는 곳

태고太古의 음音을 싣고 오는 바람에
길고도 짧은 세월歲月을 노래하는 곳
그곳이 나의 쉼터.

아버지

아버지
세상길 뜨시던 날은
마냥 슬프기만 했다.

울음만이
슬픔을 막아주는
방패이듯 울었다.

보고 싶은
아버지를 볼 수 없다는
슬픔에 눈물이 쏟아졌다.

효도가 무엇인지
어렴풋한데
그렇게 가셨다.

아버지는
여운을 남기고
그 길을 가셨다.

보낼 수 없는 사람

보낸다,
보낸다 하면서
세월만 보냈다.

아직은 거리를 두고 싶다.

보낼 수 없기에
점점
다가서는 사람.

아직도 보낼 수 없는 사람.

하얀 싸리꽃 속에

싸리꽃 하얗게 부풀고 있다.
하얀 싸리꽃 속에
내 어머니 모습을 본다.

지난 늦여름 장마 속에
달려온 가을 앞에서
풀기 먹은 모시 옷 손보시던
뒷모습.

싸리 꽃 하얗게 부풀고 있다.
싸리꽃 하얀 속에
내 어머니 모습을 본다.

주섬주섬 모시 옷 들추시며
거칠은 손끝에
행여 한 올이라도 상할세라
조심스럽던 그 모습

싸리꽃 하얗게 부풀고 있다.

싸리꽃 하얀 속에
내 어머니 모시치마 적삼이
풀기 먹고 한 올 한 올 일어선다.
하얀 꽃송이로 피어난다.

하얀 싸리 꽃 속에.

푸른 꿈

청보리 푸른 꿈
바람에 익어가고
가득 가득 물 가둔 논에
물결이 곱다.

계절풍이듯 찾아와
뼛속까지 울리는 사연에
엄마의 아픔을 달래는
특효약은 시골 들녘 풍경임을
큰애는 알고 있다.

상큼한 푸른 바람
정감 가득한 들길을 달린다.
그렇게 한참을 가야만
그 아이의 시골 시댁이다.

칠남매가 우루루 크고
그 뒷바라지를 낙으로
한생을 보내셨던 그분들의 거처
큰애가 일복을 입고 호미를 든다.

호미끝으로 푸른 꿈을 심는다.
꽃꿈을 심는다.
뒷모습이 아름답다.
그 모습에 나는 상처를 묻는다.

푸른 꿈 바람이 가슴을 파고든다.

기다림

엄마의 자리에 선 지도
어언 오십여 세월

처음으로 한 송이 카네이션조차
꽂아보지 못한 어버이날이다.

딸들과 사위들
인사가 카톡에 뜬다.

며늘아이 전화를 끝으로
올해의 어버이날이 가는 건가.

저녁 노을빛 고운데
아들의 메시지가 없다.

생업 따라
나날이 분주한 아이들

세월 가도
놓을 수 없는 끝없는 기다림.

모정

아이가 운다.
어미가 급하게
옷섶을 열고
속살을 드러낸다.

아이는
흐느끼며
벌컥 벌컥
젖을 넘긴다.

어미에게도
보이지 않던 속살
끄집어내는
모정.

산수유

겨울이
늦잠을
자는가 싶은데

산수유
꽃잎 깨어나
봄 햇살 쪽쪽 빨아
꼭꼭 씹어 삼키니

산수유
꽃동네
노란 잔치 풍성하겠다.

섬들의 숨바꼭질

바다에
섬들의 숨바꼭질

아득한 수평선
노을 고운 바다에
섬들의 숨바꼭질

부서지는 파도에
하얗게 잡히고도
숨어 버린
섬들의 숨바꼭질

만경창파
바다에
잠수하며
숨바꼭질하는 섬들.

바다에
섬들의 숨바꼭질.

갑냇물

갑냇물이
낮달 품고
꿈을 꾸고 있다.

부자 되는 꿈을 꾸고 있다.

오락가락
민낯에
숨어버린 낮달

갑냇물 꿈은
꿈 아닌
현실이 되나보다.

보랏빛 향기

멀리도
띄우는구나.
그 작은 몸집으로

코끝 스치며
가슴 더듬는 향

너는
라일락꽃
보랏빛 향기.

철길의 봄

봄이 오는
길목을 깔고 앉아
아낙들이 봄을 판다.

냉이 쑥 벌금자리

봄은 내 안에 성큼 들어와
내 어린 날 추억을
숨바꼭질 한다.

빼근한 나날에 찢기지 않았고
칠흑의 어둠에도 깔리지 않았던
고향의 어린 날.

철길을 따라 간다.

웅석도
푸념도 함께 간다.
푸근한 고향으로.

환청

무더위를 달래는
비 내리는 밤

소스라치게 놀라 일어났다.

분명
초인종 울렸는데
빗소리만 요란하다.

환청

이제는
보내고 잊어야할 미련.

아버지의 만추

가을물 먹은 잎
바람에 시달리네

아버지 헛기침에
열리던 내 방문

하얀 창호지로
문풍지 재단하신다

바늘구멍으로
황소바람
들어오느니라

문풍지에 펼치시던
노을빛 사랑

아버지의 만추.

그때 그 말씀

태극 물결이 만세를 외치며
삼천리를 덮던 날
어머니는 말씀하셨다

"나는
행방의 깊은 뜻은 모른다
분명한 건 나도 해방이다
모시모시에서의 해방이다
내 나라 말로 전화를 할 수 있다는 거다."

언어의 억눌림에 시달리셨던 내 어머니

세계화의 물결 속에
문화의 홍수 속에
아린 그리움으로 젖어드는
그때 그 말씀.

그 길

곽우희 시집

발 행 일 | 2018년 12월 31일
지 은 이 | 곽우희
발 행 인 | 李憲錫
발 행 처 | 오늘의문학사
출판등록 | 제55호(1993년 6월 23일)
주　　소 | 대전광역시 동구 대전로867번길 52(한밭오피스텔 401호)
전화번호 | (042)624-2980
팩시밀리 | (042)628-2983
전자우편 | hs2980@hanmail.net
카　　페 | cafe.daum.net/gljang(문학사랑 글짱들)
| cafe.daum.net/art-i-ma(아트매거진)

공 급 처 | 한국출판협동조합
주문전화 | (070)7119-1752
팩시밀리 | (031)944-8234~6

ISBN 978-89-5669-976-9
값 9,000원

* 이 책은 교보문고에서 eBook(전자책)으로 제작 · 판매합니다.
* 잘못 제작된 책은 바꾸어 드립니다.
* 이 책은 대전광역시 와 대전문화재단 에서 사업비 일부를 지원받았습니다.